Christoph Mayr

Schnapsfibel

Kräutergeist für Gesunde und Kranke

Dritte Auflage

VERLAGSANSTALT ATHESIA - BOZEN

Umschlagbild Vorderseite:

Das »Schnapskastl« — Wandschrank in einer Südtiroler Bauernstube

Umschlagbild Rückseite:

Abbildung aus »Dr. Petri Andreae Matthioli: Kreutterbuch, Franckfort am Mayn MDLXXXX«

Alle Aufnahmen — mit Ausnahme der Abbildungen auf S. 9 und S. 13 — vom Verfasser

---

In dieser Reihe erschienen vom selben Autor:

KLEINE PILZFIBEL
KRÄUTERFIBEL
GEWÜRZFIBEL

19.—28. Tausend

1982

Umschlaggestaltung: R. Prünster, Bozen
Fotolithos: O. Longo, Frangart und Fotolito Lana
Gesamtherstellung: ATHESIADRUCK, Bozen
ISBN 88-7014-045-8

Liber de arte Distil
landi de Compositis.
Das bůch der waren kunst zů distillieren die

Composita vñ simplicia/vnd dz Bůch thesaurus pauperũ/Ein schatz d armẽ ge/
nãt Micariũ/die brösamlin gefallen võ dẽ bůchern d Artzny/vnd durch Experimẽt
võ mir Jheronimo brũschwick vff geclubt vñ geoffenbart zů trost denẽ die es begerẽ.

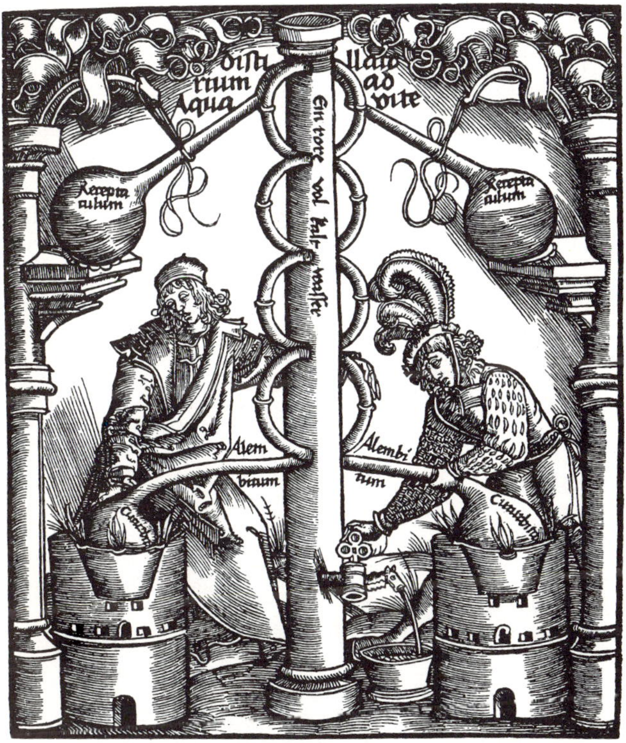

getruckt un gendigt in die keisserliche frye statt Strassburg
uff sanct Mathis abent in dem jar 1507.

ten Wein öffentlich feil zu haben, noch aus den Häusern zu geben, oder darinnen auszuschenken, noch dabei sitzen zu lassen«. Marx Sittich von Wolkenstein bemängelt in der Landesbeschreibung Tirols von 1600 den unbotmäßigen Alkoholgenuß, wenn er auch anerkennend darauf hinweist, daß »in Bozen sehr viel guter Branntwein gemacht wird«. Liest man die Tiroler Polizeiordnung »wider die Tauf- und Kindermähler«, Sebastian Francks Buch vom »greilichen Laster der Trunnkenheit« und andere Darstellungen der damaligen Lage, so erscheinen die Anklagen der Mäßigkeitsapostel keineswegs als übertrieben.

Nun war von allerhand Nachteiligem lange genug die Rede, und da selbst eine Geschichtsstunde ein Ende nimmt, kann allmählich der praktische Teil angegangen werden.

Zuvor aber noch ein Wort zum Worte Schnaps. Das ursprünglich norddeutsche Wort bezeichnet seit dem 18. Jahrhundert den Branntwein. Es wird auf das »Schnappen« zurückgeführt, einem schnellen Schluck, wie er beim Branntweintrinken üblich ist.

Der klassische Schnaps rebengesegneter Gebiete wie Südtirol ist der aus den Rückständen der abgepreßten Traubenmaische gebrannte Treber oder Tresterschnaps. Er gehört in jedes vernünftige Haus, und wenn hier von Schnaps die Rede ist, ist selbstverständlich er gemeint. Er bildet auch die Grundlage der in diesem Büchlein »angesetzten« Kräuterschnäpse.

In Südtirol haftet dem Wort Schnapsbrennen ein Hauch des Abenteuerlichen und Verbotenen an, fast so wie dem »Wildern« im Bereiche der Jagd. Durch eine unerträgliche Besteuerung ist es für einen Bauern praktisch unmöglich, alljährlich seinen Schnaps zu brennen. Da man aber doch vielerorten den guten »Schwarzen« vorgesetzt bekommt, dürfte so manches Bäuerlein im Verborgenen werken. Die vom selbstgekelterten Hauswein vorhandenen Rückstände bieten sich ja dazu an, und — wie gesagt — ein Treber gehört in jeden Haushalt und letztlich ist er einfach besser und bekömmlicher als die meisten Fabrikerzeugnisse. Nicht umsonst hat er einen so großen Liebhaberkreis, der

sich nicht nur aus »Eingeweihten« zusammensetzt, sondern auch aus solchen, die ihn gar nicht wahrhaben sollten.
Die bäuerlichen Brennapparate bestehen aus einem Brennkessel, in welchem die Trester gebrannt werden. Der entweichende Dampf wird von einem Kesselaufsatz, dem Hut, aufgefangen und in einer angebrachten Rohrleitung abgekühlt und verflüssigt. Das klingt sehr einfach; in der Tat muß man aber »höllisch« aufpassen, daß nichts schief

Zünftiger Schnapsbrenner aus dem Oberinntal. Foto Hans Scherl, Landeck.

geht und die Trester nicht anbrennen. Nicht nur, daß dabei der ganze Schnaps unbrauchbar wäre; eine Riesenarbeit gibt auch das Reinigen des Kupferkessels, damit er wieder verwendbar wird.

Der beim ersten Brennvorgang gewonnene Schnaps heißt »Lutter« und ist nicht gerade der edelste Tropfen. Erst beim nochmaligen Brennen wird der Schnaps zu dem, was man sich von einem guten Treber erwartet. Der gütebewußte Schnapsbrenner wird sich während des Arbeitsvorganges laufend von der Qualität seines Destillates überzeugen. Eine feierliche Endkontrolle ist die »Schüttelprobe«. Beim Schütteln des Glases bilden sich auf der Oberfläche des Schnapses kleine Luftbläschen, die einige Zeit

Die „Grallen", das untrügbare Gütezeichen des Treberschnapses.

ihre Form beibehalten. Je besser die Qualität, desto länger halten die »Grallen«. Ein guter Schnaps soll die Perlen so lange behalten, bis ein Vaterunser gebetet ist. Ein gut gewähltes Zeitmaß, denn gerade bei dieser Arbeit ist eine Fürbitte sinnvoll, in Anbetracht der nie auszuschließenden Möglichkeit, daß das Auge des Gesetzes einen Blick in die Schnapsküche wirft.

Ein weitverbreitetes Übel, dem besonders der gehetzte Stadtmensch ausgesetzt ist, sind Verdauungsstörungen. Vielen ist es schon zur Gewohnheit geworden, Speis' und Trank mit verschiedenen Pillen zu durchsetzen, damit das Touristen-Menu halbwegs beschwerdelos den vorbestimmten Lauf nimmt. Meist sind die kleinen Pillen bunt wie Ostereier gefärbt, damit sie für bestimmungs- und zeitgerechten Einsatz mühelos griffbereit sind. Hochgestellte Verdauungsgeschwächte pflegen das Pillengut in kostbaren, edelsteinbesetzten Golddöschen zu verwahren, was ein wenig das Selbstbewußtsein hebt. Wer weiß, vielleicht besteht das Mittagessen kommender Generationen überhaupt nur noch aus Pillen. So viele Vorteile ein für immer ausgeblasener Herd für die Hausfrau auch mit sich bringen würde, es wäre doch jammerschade, wenn durch die allgemeine Pillenkost einer der freudvollsten Wünsche — Guten Appetit! — für alle Zeiten außer Kraft gesetzt würde. In Anbetracht solch düsterer Prognosen nehmen wir lieber die erwähnten Verdauungsbeschwerden in Kauf und wollen nicht vergessen, daß es für ein zu üppiges oder ein zu modern zubereitetes Essen immer noch ein natürliches Mittel gibt: den Enzianschnaps!
Von diesem soll hier — neben dem Treber — stellvertretend für alle heimischen Destillate ausführlicher die Rede sein.
Als ein Lebenselexier der Älpler könnte man den »Enzeler« bezeichnen, der bei Freud und Leid, bei Hast und Rast ein verläßlicher Gefährte ist. Wenn die Erzeugung dieses typischen Schnapses wegen der strengen Naturschutzbestimmungen in letzter Zeit auch zurückgegangen ist, hat er in vielen Gebirgsgegenden seine führende Stellung doch beibehalten. Die nahezu totalen Einschränkungen in Deutschland, Österreich und Italien wurden notwendig, da eine unkontrollierte Ausbeute der Wurzelstöcke verschiedener Enziansorten (Gelber, Punktierter und Pannonischer Enzian) in der Tat in einigen Gebieten zur Dezimierung der Pflanzen geführt hat. Unter bestimmten Voraussetzungen und bei sachlicher Durchführung ist die Wurzelgraberei jedoch vertretbar. Nach Erfahrung der Wurzel-

graber vermehren sich nach Entfernung der Hauptwurzeln die Nebenwurzeln sehr stark, so daß nach einem Intervall von 15 bis 20 Jahren die Pflanzen wieder vollkommen nachgewachsen sind und der Weiterbestand gesichert ist. Seit dem Jahre 1602 verfügt Deutschlands älteste Enzianbrennerei, die Firma Graßl in Berchtesgaden, über das Wurzelgrabrecht. Das Gebiet der Berchtesgadner Alpen ist in mehrere Wurzelgrabgebiete eingeteilt, mit je einer Brennhütte im Mittelpunkt. Nur ein Segment dieser um eine Hütte liegenden Fläche wird jährlich bearbeitet, so daß ein Zeitraum von über 20 Jahren verstreicht, bis wieder an der gleichen Stelle gegraben wird. Die Wurzeln, die nur von kräfigen, ausgewachsenen und ausgesamten Pfanzen verwendet werden, sind oft meterlang und können ein Gewicht bis zu 10 kg erreichen. Versuche zum gezielten Anbau an Enzian sind in verschiedenen Ländern erfolgreich durchgeführt worden und lassen für die Zukunft ergiebige Ernten erwarten.
Ein Original besonderer Prägung war die weitum bekannte Enzian-Tresl, die Wirtin der Enzianhütte in Wahlen bei Toblach. Sie stammte aus dem Zillertale und begann — nach anfänglichen Versuchen in Osttirol — in Wahlen mit ihrem Manne und fünf Kindern mit viel Fleiß und Geschäftstüchtigkeit eine neue Existenz aufzubauen. Bald war die Enzian-Tresl landauf und landab bekannt, und die Enzianhütte wurde das Ziel vieler Leute. Durch ihren Humor, ihre Musikalität und Erzählkunst und nicht zuletzt durch ihre gute Küche — Schlutzkrapfen und Zillertaler Preßknödel gehörten zu den Spezialitäten — zog sie immer neue Gäste an. Hohe Persönlichkeiten waren bei ihr zu Gast, und mit prominenten Gästen verband sie eine enge Freundschaft. Darunter ist besonders der bekannte Maler Prof. Franz v. Defregger zu erwähnen, den sie bei einer ihrer ausgedehnten Almwanderungen zum Wurzelgraben als Hütbub kennenlernte. Mit einem großen Buckelkorb durchwanderte sie die Täler, um ihre Kräuterschnäpse zu verkaufen. In der inzwischen umgebauten Enzianhütte kann man heute noch Erinnerungsstücke aus alten Tagen besichtigen. Einer von Tresls Leibsprüchen lautete

Die legendäre Enzian-Tresl mit ihrem schweren Buckelkorb.

»Der Enzian treibt alle Plagen aus dem Herzen, aus dem Magen!«
Die Sprache der Verliebten unterscheidet sich vom nüchternen Vokabular des täglichen Lebens durch einen von Glück und Sonnenschein getragenen Wortschatz. Wie wäre es sonst möglich, all das auszudrücken, was ein übervolles Herz zu sagen begehrt. Daß aber auch ohne viel

Worte klare Verhältnisse zu schaffen sind, stellt wieder einmal der Enzianschnaps — der Nothelfer in vielen Lebenslagen — unter Beweis. Das Reichenhaller Tagblatt »Der Grenzbote« vom 24. Mai 1934 bringt unter dem Titel »Amor im Pinzgau« folgenden Bericht.

»Die Burschen des Pinzgaus (Land Salzburg) haben ein eigenartiges Verfahren für ihre Liebeserklärungen, das auf Jahrhunderte zurückgeht. Will einer der Auserwählten seines Herzens zu verstehen geben, daß er sie liebt, so sagt er dies weder durch Worte noch durch einen Liebesbrief oder gar durch schmachtende Blicke und Seufzer, sondern er führt das Mädchen in ein Wirtshaus und reicht ihm ein Glasel Enzianbranntwein — das sagt ihr alles. Trinkt sie davon, so gibt sie ihm dadurch den Beweis der Gegenliebe; verschmäht sie ihn aber, so verschmäht sie damit auch das dargebotene Herz. Auf jeden Fall wissen beide ohne lange »Präambeln«, woran sie miteinander sind. So lange der Liebhaber seinem Dirndel in den Schenken, wohin er sie zum Tanz führt, Enzianbranntwein spendiert, solange ist sie seiner treuen Liebe gewiß. Haben sie sich etwa gezankt, oder wendet der Bursche sein Auge einem anderen Sterne zu, so führt er das Mädel wieder ins Wirtshaus und gibt ihr ‚Kranebitbranntwein' zu trinken. Sie weiß dann ohne Absagebrief, daß es zwischen ihr und ihm aus ist und sucht es dahin zu bringen, daß sie bald aus anderen Händen Enzianbranntwein erhält. In der dortigen Volkssprache heißt darum der Enzianbranntwein ‚der Aufkehrer', der Kranebitbranntwein dagegen ‚der Abkehrer'.

Im Ahrntal wurde, wie in anderen Hochtälern, früher sehr stark dem Branntwein zugesprochen. Fast in jedem Haus sei Schnaps vorhanden gewesen, berichtet Kurat Niederweger in seiner Chronik, welche die Verhältnisse des späteren 16. Jh.s beschreibt. Das Schnapsbrennen war demnach ein weitverbreiteter Brauch. Beeren und Früchte bildeten zumeist die Grundlage. Aus eineinhalb Metzen Mostbeeren, Schwarzbeeren oder Kranebittbeeren erzielte man einen Liter Schnaps. Brummeln (Berberitzenbeeren) erforderten 3 Metzen pro Liter. Aus einem Metzen Holunderbeeren gewann man einen Liter goldfarbenen Schnaps.

Kramsacher Branntwein-Nabelflaschen aus dem Weinmuseum Schloß Ringberg, Kaltern.

Wenn man ganz klaren Schnaps haben wollte, so gab man glühende Kohlen ins Rauchwasser hinein. Für einen Liter Enzianschnaps benötigte man eineinhalb Metzen Wurzeln. Diese wurden klein gehackt und in einem Bottich drei Wochen lang aufgeweicht, wobei der Inhalt alle zwei Tage gut verrührt werden mußte. In eigenen Tonhäfen wurde die Brennmasse zuletzt vorbereitet. Tagsüber waren die Häfen offen, des Nachts verschlossen. Mancherorts wurde auch aus Reis Schnaps gebrannt. Die Körner wurden zermahlen, in Fässern mit Wasser zur Gärung gebracht und dann gebrannt.

Wenn die alten »Tölderer« zusammen Schnaps tranken, dann erhoben sie ihr Glas und der eine sagte »Gilitzn dos«, worauf der andere mit einem »dir nar a« (dir nachher auch) antwortete. »Gilitzen« ist wohl ein alter Ausdruck für »Gesundheit« oder »Wohl bekomms«.

Erst in neuerer Zeit trinkt man ein »Glasl« Schnaps, früher sagte man »ein Pudele«, oder ein »Pudel«; das war

ein Sechzehntel (zwei Stamperlen), ein Stamperle war ein 32stel und ein »Fraggile« ein 64stel Liter. Ärmere Leute, Knechte, Kleinbauern u. dgl., die nur ein »Fraggile« bestellten, wurden in alten Zeiten abwertend als »Fraggilemandln« bezeichnet.
Eine eigenartige Methode hatten die Schmiede, die Holzkohle brannten. Der aus Erlenholz aufgebaute Meiler wurde nach außen gut abgedichtet, so daß der Rauch oben nur durch eine enge Öffnung entweichen konnte. Ein Teil des Rauches wurde durch eine umgestülpte große Schüssel aufgefangen, unter die man eine kleine stellte. Der Rauch verflüssigte sich an der großen Schüssel, und die Flüssigkeit rann in den kleinen Behälter und wurde dort aufgefangen. Dieses Holzdestillat wurde dann getrunken und galt als ein bewährtes Mittel gegen Bauchweh und Magenschmerzen. Besonders eignete es sich, wenn jemand ein Wasserkalb (Schwimmkäfer, Dytiscus marginalis) oder einen Ifrigen (Fadenwurm) getrunken hatte. Blähungen und Schmerzen hörten nach dem Schnapsgenuß sofort auf. Was anderseits alles anfangen könnte, nach ausgiebigem Genuß solcher »Holzgeister«, ist allerdings eine andere Frage. Es bedarf wohl keiner besonderen Betonung, daß hier dieses »Rezept« nur als Kuriosum angeführt wurde; wahrhaftig bergen alle Holzdestillate lebensgefährliche Gifte. Jedenfalls spricht es für die Widerstandskraft der alten Ahrntaler, wenn sie diese »Roßkur« ohne gesundheitliche Schäden überstanden haben. Unter den Fadenwürmern soll es übrigens sehr gefährliche Arten geben, von denen man sagt, daß ein Pferd stirbt, wenn es einen dieser »Ifrigen« getrunken hat.
Ein Inbegriff für guten Schnaps ist das Zillertal, in dem es noch heute ausgezeichnete Qualitäten gibt, die der alten Tradition gerecht werden. Hier begnügen wir uns mit der Wiedergabe einiger Aufzeichnungen aus alten Tagen, welche die Schnapsfreudigkeit der Zillertaler bescheinigen.
In einem »Wegweiser für Einheimische und Fremde«, der im Jahre 1905 unter dem Titel »Zillertal, du bist mei' Freud'!« erschienen ist, liest man: »... Heute befinden sich insgesamt 948 Schnapsbrennereien im Zillertale unter be-

hördlicher Kontrolle. Diese große Zahl erklärt sich dadurch; weil nicht bloß fast jeder Besitzer eines Obstgartens sein eigenes »Brennwerch« (primitive Vorrichtung zum Schnapsbrennen) hat, sondern solche Brennwerke selbst in den hochgelegenen Bauernhöfen und Asten droben zu finden sind, wo Vogelbeeren, Enzianwurzeln, Wacholder- und Holunder-, insbesondere aber Heidelbeeren gebrannt werden. Leider werden, wie dies zumeist bei Butter der Fall ist, die guten Sorten fast alle nach auswärts verkauft und dafür billige Waren eingeführt.«
Ein Jahrhundert zuvor schreibt Hübner in seiner »Beschreibung des Erzstiftes und Reichsfürstentums Salzburg« über den Volkscharakter der Zillertaler: »Da er (der Zillertaler) eine große Neigung zur Ungebundenheit äußert, die manchmal durch häufiges Branntweintrinken befördert wird, so muß er immer gelinde behandelt werden, wenn er nicht zu tumultartigen Auftritten gereizt werden soll.«
Bei einer Kirchenvisitation in Fügen im Jahre 1577 wurde dem Pfarrer untersagt, daß während des Gottesdienstes in der Nähe der Kirche Branntwein verkauft wird.
Über die Anwendung der Kräuterschnäpse ist später noch im einzelnen die Rede; hier sei nur darauf hingewiesen, wann und wie mancherorts zum Schnaps gegriffen wird. Über das Quantum zu sprechen, ist ein Sache, die sich bei der unterschiedlichen Vorgangsweise der Akteure von selbst erübrigt. Wir gehen jedenfalls davon aus, daß jeweils ein Gläschen ausreichen sollte, und alles übrige abträglich ist.
Ein »Stamperle« Schnaps wirkt wohltuend nach einem üppigen Essen und auch dann, wenn man das Gefühl hat, daß längere Zeit nach einer eingenommenen Mahlzeit der Magen nicht »arbeitet«. Wenn sich erste Anzeichen bemerkbar machen, daß eine Erkältung oder eine Grippe im Anzug sind und immer wenn »man sich nicht so richtig fühlt« ist es Zeit zum Schnapstrinken. Vorbeugen ist da bei vielen ein strikt und gern befolgtes Gebot. Nach großen körperlichen Anstrengungen, bei Kälte und Hitze und bei Bergwanderungen ist ein Schnäpschen sehr zuträglich, wenn man erhitzt und müde ankommt. Bei Bergtouren gilt

jedoch ein eisernes Gebot: erst am Ziel, wenn man den Aufstieg schon überwunden hat, ist der Schnaps zu trinken. Würde man während des Anstiegs die Flasche aus dem Rucksack ziehen, würde man nach kurzer Zeit überrascht feststellen, wie schwer einem die Füße geworden sind und wie sie förmlich am Boden zu kleben scheinen. Ein häufiger und gar nicht so unvernünftiger Brauch sieht abends, bevor man sich zur Ruhe begibt, ein Schnäpschen vor. Sehr bekömmlich wird die Sache, wenn man dazu einen Apfel ißt. Nach einer alten Meinung sollen Frauen, nach regelmäßiger Befolgung dieser abendlichen Gepflogenheit, zusehends an Schönheit gewinnen. Für ein absolutes Zutreffen dieser Behauptung übernimmt der Autor jedoch keine Gewähr. Einen gefährlichen Standplatz hat die Schnapsflasche am Boden, neben dem Fernsehstuhl. Der berüchtigte Griff zur Bouteille kann durch lange Übung im Dunkeln so sicher ausgeführt werden, daß nicht ein Blick vom Bildschirm genommen werden braucht und so das wertvolle Programm keine Unterbrechung erfährt. Achtung vor dem Feind!

So wohltuend der Schnaps bei vernünftiger Anwendung auch sein kann, so fatal wirkt er in Verbindung mit Wein. Hier wird er zum Vater der meisten »Kater«; Wein und Schnaps vertragen sich wie Hund und Katz. Gemeint ist dabei das unmittelbare Schnapstrinken nach reichlichem Weingenuß, um von einem abwechselnden Genuß beider Getränke gar nicht zu reden.

Schnaps und Bier vertragen sich schon eher, und in manchen Gegenden gehört dieses Zweigespann zur festen Institution. Besonders in nördlichen Landesteilen wird dem viel zugesprochen; man behauptet, Schnaps und Bier gehören zusammen wie der Wind und das Meer. Aber auch anderswo wird Schnaps und Bier getrunken, in unterschiedlicher Anwendung und ebensolcher Begründung. Manche nehmen vor dem Biergenuß einen Korn, um den Magen aufzuwärmen, damit er gegen den großen Anfall an kalter Flüssigkeit gefeit ist, andere trinken den Schnaps nach reichlichem Biergenuß, sozusagen zum »Zudecken« und im Vertrauen darauf, daß er die Biergeister im Zaume hält.

Schließlich gibt es solche, die zu jedem Glas Bier ein Schnäpschen trinken. Sie behaupten, das Bier alleine sei zu schwach und bedeute nur in Verbindung mit Schnaps einen echten (nachhaltigen) Genuß. Die Trinksitten sind nun einmal von Land zu Land verschieden. In Niedersachsen hält man beispielsweise einen höchst eigenartigen Trinkbrauch in Ehren. Was für einen Zweitaktmotor das Benzin/Öl-Gemisch, ist für einen Hannoveraner die »Lüttje Lage«. Bei diesem akrobatisch-alkoholischen Akt werden ein Glas Bier und ein Gläschen Weizenkorn solchermaßen in die gleiche Hand genommen, daß sich der Inhalt beider Gläser vermischt in den Mund ergießt. Experten hantieren sogar mit der »Drillingslage«, die durch das geänderte Verhältnis — ein Glas Bier und zwei Gläschen Schnaps — für eine entsprechend höhere Oktanzahl sorgt.
Ein Getränk, das sich gut mit Schnaps vermengen läßt, ist der Tee. Die klassische Beigabe zum Tee ist zwar der Rum, da man aber selten einen echten zur Verfügung hat und der herkömmliche nur mit Essenzen hergestellt wird, die oft alle möglichen Geschmacksrichtungen aufweisen, hat der Schnaps auch hier seine Berechtigung. Bei Erkältungen, im Winter zum Einwärmen der Glieder, und wenn man wirklich kalte Füße hat, wirkt ein Tee mit Schnaps kleine Wunder. Besonders zur Beigabe in den Tee eignet sich der Weinbrand; viele wiederum bevorzugen den Sliwowitz. Bei starken Erkältungen sollte man auch das typische Seemannsgetränk Grog nicht vergessen. Ursprünglich war es der Rum, den man, aus der Not eine Tugend machend, mit heißem Wasser verdünnte und mit Zucker süßte. Schließlich wäre noch der Kaffee zu erwähnen, dem man ab und zu einen Schnaps, Weinbrand oder Magenbitter beigibt. In Italien nennt man einen so »korrigierten« Kaffee »corretto«.
Nachdem die hier angeführten Rezepte meist bäuerlichen Ursprungs sind und in ihrer Zusammensetzung oft unterschiedliche Richtlinien befolgen, kann hier auf eine einheitliche »Schnapslehre« kein Anspruch erhoben werden. Wie beim Kochen — hat man sich nicht gänzlich den Kochbüchern verschrieben — ist es auch bei der Schnaps-

bereitung das Reizvolle, der Phantasie und dem eigenen Geschmacksempfinden freien Raum zu lassen.

Die zur Gewinnung der hausgemachten Kräuterschnäpse angewandte Methode — die Mazeration oder der Kaltauszug — erfolgt durch die Auslaugung von Stoffen aus Kräuterdrogen mit Wasser, Alkohol u. a. bei normaler Temperatur. Meist werden die Gefäße während der Mazeration an warme Stellen gegeben oder der Sonne ausgesetzt.

Als Ausgangsprodukt verwendet man in Weingebieten den Treber, wenn auch wegen seines ausgeprägten Aromas von vielen der Obstler oder sonst ein Klarer bevorzugt werden. Für Waldfrüchte wie Erdbeeren und Himbeeren, auch für sonstiges Kernobst, verwendet man auch Weinbrand. Wenn keine geeigneten Destillate zur Verfügung stehen, dient als Basis ein durch Wasser entsprechend verdünnter Alkohol.

Je nach Geschmack können zur Abrundung des Aromas fast allen Kräuterschnäpsen Zutaten wie Gewürznelken, Zimtrinde, Sternanis, Vanille, Zitronen- und Orangenschalen oder Kaffeebohnen beigegeben werden. Die Dosierung sollte jedoch sehr vorsichtig gewählt werden.

Alle hier behandelten Schnäpse können nach eigenem Ermessen durch Zucker gesüßt werden. Vorzuziehen wäre der ungebleichte Rohzucker, oder Kandiszucker. Bei den meisten Schnäpsen ist jedoch von einer Zuckerung abzuraten, denn allzuleicht verlieren sie dadurch ihren besonderen Charakter. Daß Zucker nicht immer zur Steigerung des Wohlgeschmacks beiträgt, beweist die Unsitte mancher Weinproduzenten, ihre wohlklingenden Weinsorten mit Zucker auf »lieblich« zu trimmen. Jedem ehrlichen »Weinbeißer« überkommt schon beim ersten Schluck solcher »Spätlesen« das Schaudern. Früher wurden zwar — wohl den Damen zuliebe — Kräuterschnäpse vielfach likörartig gesüßt, heute weist die Richtung unverkennbar ins Herbe. Das Zarte Geschlecht ist den scharfen Sachen gar nicht mehr so abgeneigt.

Der Ehre halber noch ein Wort zu den Edeldestillaten. Ihnen gebührt unbestritten der erste Platz im Reich der

Branntwein-Scherzflasche um 1800. Weinmuseum Schloß Ringberg, Kaltern.

Schnäpse, und an Feinheit sind sie den »Angesetzten« vielfach überlegen. Hier seien nur einige Begriffe wie Himbeergeist, Erbeergeist, Enzian, Williams Birne und Aprikot erwähnt. Exzellent schmeckt der von den Vogelkirschen unserer Bergheimat gebrannte Bauernschnaps. Dieser »Kerscheler« ist eine besondere Rarität, denn nicht jedes Jahr gibt es eine Ernte; im Sammeln der kleinen Früchte erweist sich die Vogelwelt meist erfolgreicher als der Mensch. Vorzüglich mundet auch das Destillat der Vogelbeere (Eberesche).

Bevor sich nun der geschätzte Leser der hohen Kunst des Schnaps-Ansetzens zuwendet, sei noch eindringlich an die Bestimmungen des Naturschutzes erinnert. Manche der hier behandelten Pflanzen stehen unter Naturschutz und dürfen daher auch in kleinen Mengen nicht gesammelt werden. Viele Apotheken führen jedoch Kräuter- und Wurzeldrogen und da die hausgemachten Schnäpse vorwiegend zum »Kurieren« bestimmt sind, ist der Weg dorthin gerechtfertigt. Aber auch in Fachdrogerien und Reformhäusern erhält man Kräuter und Wurzelstücke aus verschiedenen Provenienzen.

Arnika - Arnica montana L.

Volkstümliche Namen: Wolferlei, Bergwohlverleih, Engelkraut, Kraftwurz, Gamswurz, Sonnwendblume

Fam.: Korbblütler

Vorkommen: Bergwiesen, torfige Böden, Waldlichtungen

Blüten: große, orangegelbe Blütenköpfe, meist einzeln an der Stengelspitze

Blätter: eiförmig, oberseits behaart

Stengel: einfach, wenig verzweigt, drüsenhaarig

Blütezeit: Juni—August

Anwendung in der Heilkunde: Rheumatische Schmerzen, Quetschungen, Verstauchungen, Verrenkungen, Anschwellungen. **Äußerliche Anwendung!**

Obwohl Arnika erst seit dem Mittelalter als Heilpflanze bekannt ist, zählt sie heute zu den wertvollsten Heilkräutern. Der »Arnikageist« ist ein altbäuerliches Heilmittel, das in keiner Hausapotheke fehlen sollte. Bei Verstauchungen oder bei einem »Hexenschuß« wirkt er kleine Wunder. Da er nur zum »Einreiben« verwendet wird, und somit nicht allzuhäufigen Vorbeugungsmaßnahmen ausgesetzt ist, reicht der Vorrat lange Zeit.

Zubereitung: Die frischen Blütenblätter werden möglichst noch am gleichen Tag, an dem sie gepflückt wurden, in Schnaps angesetzt. Eine Handvoll Blüten reicht für einen Liter. Die Flasche gut verschließen und für ca. 10 Tage an die Sonne stellen, für weitere 14 Tage in den Keller geben, die Kräuter filtrieren und die Flüssigkeit an einem dunklen Orte aufbewahren. Da Hüllkelche und Blütenböden nahezu wirkstofffrei sind und sich in den Blütenböden die giftigen Larven der Arnikafliegen befinden können, sollten nur die Blütenblätter verwendet werden.

Basilikum - Ocimum basilicum L.

Volkstümliche Namen: Basilienkraut, Königskraut, Schmöckkraut

Fam.: Lippenblütler

Vorkommen: angebaut, in Bauerngärten

Blüten: weiß, schwach rosa

Blätter: glänzend grün, druckempfindlich

Stengel: vierkantig

Blütezeit: Juni—August

Anwendung in der Heilkunde: Appetitlosigkeit und Verdauungsstörungen

Das aus Südasien stammende Gewürzkraut war schon in der Antike als Gewürz-, Heil- und Zierpflanze sehr geschätzt. Einen Bauerngarten ohne »Schmöckkraut« wird man selten finden. Von den Bauern als Hutschmuck heute noch gelegentlich getragen. Sonst ist Basilikum ein wichtiges Küchenkraut.

Zubereitung: 24 frische Basilikumblätter und die Schale einer Zitrone in einem Liter Schnaps ansetzen und drei Wochen an einem warmen Ort stehen lassen. Nicht der direkten Sonnenbestrahlung aussetzen. Weitere zwei Wochen im Keller ruhen lassen und dann die Kräuter filtrieren.

Berberitze - Berberis vulgaris L.

Volkstümliche Namen: Essigdorn, Sauerdorn, Dreidorn

Fam.: Sauerdorngewächse

Vorkommen: Zäune, Hecken, Gebüsch, Waldränder
Strauch mit 3teiligen Dornen an den Zweigen und Ästen.

Blüten: gelb, in hängenden Trauben

Blätter: eiförmig, graugrün, fein gezähnt, in Büscheln

Erntezeit: September—Oktober

Anwendung in der Heilkunde: Früher wurde vorwiegend die Wurzelrinde verwendet; in der Volksheilkunde werden die Früchte bei Lungen- und Leberleiden, auch bei Fieber und Husten verwendet.

Zubereitung: Vollreife Früchte werden in Schnaps angesetzt und so lange an die Sonne gestellt, bis sie ihre rote Farbe verlieren. Nach zwei Wochen Ruhezeit filtrieren. Das Mazerat der Berberitzen hat wohl einen etwas säuerlichen Geschmack, ist aber ein erfrischender und bekömmlicher Kräuterschnaps. Gewinnt durch längere Lagerung.

Brombeere - Rubus sp.

Volkstümliche Namen: Kratzbeere, Moren

Fam.: Rosengewächse

Vorkommen: Hecken, Waldränder
Strauch mit langen, stachelbesetzten Ranken

Blüten: weiß bis rosa, in Trauben

Blätter: 5zählig, handförmig zusammengesetzt

Früchte: glänzend schwarze Sammelfrucht

Erntezeit: August—September

Anwendung in der Heilkunde: Verdauungsstörungen, Durchfall

Der Brombeerstrauch trägt in geeigneten Lagen reichliche Früchte. Die schönsten Ranken befinden sich meist an schwer zugänglichen Stellen und die sehr spitzen Dornen setzen ihre Zeichen an den Händen der Sammler. Bekannt ist der schlesische »Kroatzbeer-Likör«.

Zubereitung: Reife Früchte in Schnaps ansetzen und zwei Wochen an die Sonne stellen, drei Wochen im Keller ruhen lassen und filtrieren. Nach Belieben können die Früchte auch in der Flasche gelassen und mit dem Schnaps verzehrt werden.

Gelber Enzian - Gentiana lutea

Volkstümliche Namen: Bitterwurz, Fieberwurz

Fam.: Enziangewächse

Vorkommen: Bergwiesen und Almen

Blüten: blaßgelb, am Ende des Stengels und in den Achseln der oberen Blattpaare

Blätter: elliptisch, bläulichgrün, von starken Bogennerven durchzogen

Stengel: einfach, aufrecht, bis fingerdick

Blütezeit: Juli—August

Verwendung finden auch andere Enziansorten wie Punktierter Enzian - Gentiana punctata L. und Pannonischer Enzian - Gentiana pannonica Scop.

Anwendung in der Heilkunde: Magenschwäche, Appetitlosigkeit, schlechte Verdauung

In Hieronymus Bock, Kreuterbuch, Straßburg 1551, kann man über den Enzian folgendes lesen: »Die aller gebreuchlichst wurtzel in Germania / ist Entian / dann die Wundarzet machen jre meyssel darauß / die gestochene, enge wunden damit zu erweitteren. So weiß der gemein man kein besseren Tiriak oder magenartznei / als eben den Entian. Dann was sie jnnerlichs prestens im leib und magen fülen / vertreiben sie mit Entian. Und geret etwan solche artznei baß (besser) / dann (als) hetten sie gantz Apoteck mit jren Sophistischen und Arabischen pilulen ingeschlunden.«

Zubereitung: Die in kleine Stücke geschnittene Enzianwurzel wird in Schnaps angesetzt. Die gut verschlossene Flasche zwei Wochen an die Sonne und dann für einige Monate in den Keller stellen. Meist werden die Wurzelstücke nicht filtriert, sondern in der Flasche gelassen bis die Flüssigkeit aufgebraucht ist.

Walderdbeere - Fragaria vesca L.

Fam.: Rosengewächse

Vorkommen: Waldwiesen, Waldlichtungen, sonnige Hänge

Blüten: weiß, 5blättrig

Blätter: 3zählig, gezähnt

Anwendung in der Heilkunde: Walderdbeeren sind überaus gesund und enthalten einen überaus hohen Vitamin-C-Gehalt und wertvolle Mineralstoffe

Die Walderdbeere ist wohl die schönste und wohlschmekkendste Waldfrucht die wir kennen. An Duft und Geschmack überbietet sie die in Gärten gezogenen Früchte bei weitem. Leider läßt sich das Aroma der frischen Beeren nicht gänzlich erhalten.

Zubereitung: Die frisch gesammelten Erdbeeren werden in Schnaps — vorteilhafter sogar in Weinbrand — angesetzt. Nach Belieben etwas Zitronensaft und Zitronenschale dazugeben und zwei Wochen an einen warmen Ort stellen. Direkte Sonneneinwirkung ist zu vermeiden. Nach einer Ruhezeit von vier Wochen können die Beeren mit der Flüssigkeit verzehrt werden.

Fieberklee - Menyanthes trifoliata L.

Volkstümliche Namen: Bitterklee, Sumpf- oder Wasserklee

Fam.: Enziangewächse

Vorkommen: Am Rande von Sümpfen und Teichen, auf sumpfigen Wiesen

Blüten: weiß bis rötlichweiß, fein gefranst, in endständiger Traube

Blätter: grundständig, 3zählig, Blättchen verkehrt eiförmig

Blütezeit: Mai—Juni

Erntezeit: während der Blüte

Anwendung in der Heilkunde: magenstärkend, appetitanregend

Ein nicht gerade sehr bekannter Kräuterschnaps, aber ein vorzügliches Mittel bei Verdauungsstörungen und bei Magenschwäche. Wirkungsvoll bei Reisebeschwerden.

Zubereitung: Drei dreiteilige, zur Blütezeit gepflückte Blätter in einem Liter Schnaps ansetzen und drei Wochen an die Sonne stellen. Für weitere drei Wochen in den Keller stellen und filtrieren.

Genepi - Artemisia genipi

Volkstümliche Namen: Schwarze Edelraute, Keesraute

Fam.: Korbblütler

Vorkommen: Vorwiegend in den Zentralalpen. An Felsbändern und Gipfelgraten, auf Säuerlingsböden

Blüten: gelb

Blätter: grau-seidenhaarig

Blütezeit: Juli—September
Unter Naturschutz!

Anwendung in der Heilkunde: Im Volke ähnlich wie Wermut gebraucht

Im Grunde ist es ein Unding, so eine seltene und gefährdete Hochgebirgspflanze für die Schnapsbereitung vorzustellen. Allzu sehr Raubbau ist im Auftrage der Likörindustrie betrieben worden. Da aber in manchen Gegenden, wie im Aostatal, Genepi noch hergestellt wird, dürfte es doch von Interesse sein, von seiner Existenz zu erfahren.
Bei den extremen Lebensbedingungen ausgesetzten Hirten und Bergbauern des Aostatales bedeutet die Schwarze Edelraute ein hochgeschätztes Heilkraut für Leute und Vieh. Bei starken Erkältungen und Bronchialkatarrh ist in Milch gekochter Genepi eine äußerst wirkungsvolle Medizin. Der Genepischnaps ist ein altes Hausmittel dieser Leute.

Heidelbeere - Vaccinium myrtillus L.

Volkstümliche Namen: Schwarzbeere, Blaubeere

Fam.: Heidekrautgewächse

Vorkommen: Waldlichtungen, Waldränder, Holzschläge Strauchige Pflanze

Blüten: grün, rosa überlaufen, glockenförmig, hängend

Blätter: oval, feingesägt, lebhaft grün

Früchte: blauschwarze, bereifte Beeren

Erntezeit: Juli—September

Anwendung in der Heilkunde: Durchfall, Blasen- und Darmkatarrh

Zubereitung: Reife Beeren auf einen Bogen Papier ausbreiten und ein bis zwei Tage an der Sonne trocknen lassen; dann in Schnaps ansetzen und drei Wochen an einem warmen Ort stehen lassen, die Flasche öfters schütteln. Nach einer Ruhezeit von wenigstens einem Monat ist der Schnaps trinkfertig, gewinnt jedoch bei längerer Lagerung. Die Beeren können filtriert, oder mit der Flüssigkeit verzehrt werden.

Himbeere - Rubus idaeus L.

Fam.: Rosengewächse

Vorkommen: Wälder, Feldgehölze, Kahlschläge, Hänge
Strauch mit ausdauerndem Wurzelstock

Blüten: weiß

Blätter: gefiedert, kurz gezähnt, oben hellgrün, an der Unterseite weißlich

Blütezeit: Mai—Juli—August

Zubereitung: Reife Beeren in Schnaps (Weinbrand) ansetzen und drei Wochen an einen warmen Ort stellen, eventuell etwas Gewürznelken und Zimtrinde dazugeben. Die Flasche öfters schütteln. Nach einer Ruhezeit von drei Wochen filtrieren, wenn man es nicht vorzieht, die Beeren mit der Flüssigkeit zu verzehren.

Holunder - Sambucus nigra L.

Volkstümliche Namen: Holler, Holder

Fam.: Geißblattgewächse

Vorkommen: Waldränder, Zäune, Hecken, Schuttplätze, Schluchten

Blüten: gelblichweiß, in flachen Trugdolden, stark riechend

Blätter: gegenständig, unpaarig gefiedert

Erntezeit: August—September

Anwendung in der Heilkunde: Grippe, Bronchialkatarrh, Heiserkeit, Husten.

Der Holunderbaum fehlt kaum an einem Bauerngehöft und ist seit uralten Zeiten der Gesundheitsbaum unserer Bauern. Die Verehrung des Baumes hat jedoch an Bedeutung verloren, geblieben sind aber seine wertvollen und vielseitigen Heilkräfte.

Zubereitung: Reife Beeren in Schnaps ansetzen und drei Wochen an die Sonne stellen, die Flasche öfters schütteln. Nach einer Ruhezeit von vier Wochen filtrieren und vor Gebrauch einige Monate lagern lassen.

Hopfen - Humulus lupulus L.

Volkstümliche Namen: Buschstrauch, Bruch-, Dornstrauch

Fam.: Hanfgewächse

Vorkommen: Feuchtes Gebüsch, Hecken
Ausdauernde Schlingpflanze

Blüten: weiblich gelblichgrün, mit dachziegelartigen Deckblättern

Blätter: rundlich-eiförmig, 3—5lappig, gezähnt, oberseitig rauh

Blütezeit: September

Anwendung in der Heilkunde: Erregungszustände, Schlaflosigkeit, Appetitlosigkeit

Im Gegensatz zu Gegenden mit Biertradition hat hierzulande der Hopfen kaum eine Bedeutung. Im Herbst bemerken aber auch wir an vielen Hecken die leuchtenden Blüten des Wilden Hopfens.

Zubereitung: Eine Handvoll Hopfenblüten in Schnaps ansetzen und drei Wochen an die Sonne stellen; die Flasche öfters schütteln. Nach vier Wochen Ruhezeit filtrieren. Das rotbraune Mazerat schmeckt stark würzig und apart bitter.

Hundsrose - Rosa canina L.

Volkstümliche Namen: Heckenrose, Heiderose

Fam.: Rosengewächse

Vorkommen: Hecken, Waldränder
Strauch mit überhängenden, stacheligen Ästen

Blüten: hellrosa, 5blättrig

Blätter: kahl, gefiedert, unpaarig, gesägt.

Früchte: eiförmig, kahl, scharlachrot

Erntezeit: September—November

Anwendung in der Heilkunde: Stärkungs- und Anregungsmittel, harntreibend, verdauungsfördernd

Zubereitung: Die möglichst nach dem ersten Frost gesammelten »Hagebutten« werden gesäubert, daß nur mehr das Fruchtfleisch übrig bleibt; in Schnaps ansetzen und drei Wochen an einen warmen Ort stellen. Die Flasche mehrmals schütteln; nach einer Ruhezeit von drei Wochen filtrieren und vor Gebrauch wenigstens drei Monate lagern lassen.

Schwarze Johannisbeere - Ribes nigrum L.

Fam.: Steinbrechgewächse

Vorkommen: Gartenpflanze, feuchte Wälder
Strauch mit gelappten Blättern und strahligen Blüten, deren unterständiger Fruchtknoten eine mehrsamige Beere gibt.

Anwendung in der Heilkunde: Frühjahrsmüdigkeit, Stoffwechsel- und Kreislaufstörungen, bei fieberhaften Erkrankungen.

Zubereitung: Die ausgelesenen Beeren werden in Schnaps angesetzt und drei Wochen an einen warmen Ort gestellt. Einige Gewürznelken, Sternanis und ein kleines Stückchen Zimtrinde können beigegeben werden. Nach einer Ruhezeit von vier Wochen filtrieren. Vor Gebrauch möglichst längere Zeit lagern lassen. Die Beeren sind gut verwendbar, wenn man sie in einen separaten, gut verschließbaren Glasbehälter gibt und sie mit Johannisbeer-Schnaps übergießt bis sie bedeckt sind. Einige gut zerkaute Beeren sind ein vorzügliches Mittel bei Magenverstimmungen.

Johanniskraut - Hypericum perforatum L.

Volkstümliche Namen: Walpurgiskraut, Hartheu, Tüpfelheu, Johannisblut

Fam.: Hartheugewächse

Vorkommen: sonnige Waldwiesen, Weiden, Waldränder

Blüten: gelb, zahlreiche Staubblätter, schwarz punktierte Blumenblätter

Blätter: eiförmig-länglich, durchscheinende Punkte

Stengel: zweikantig, oben verästelt

Blütezeit: Juli—September

Anwendung in der Heilkunde: Blasen- und Nierenleiden, Bettnässen, Magen- und Darmbeschwerden. Heute oft als pflanzlicher Tranquilizer verwendet.

Nach dem Genuß von Johanniskraut-Mitteln soll man sich keiner intensiven Sonnenbestrahlung aussetzen. Der Wirkstoff Hypericin könnte Lichtkrankheiten der Haut verursachen.

Zubereitung: Die gesammelten Blütenköpfe in Schnaps ansetzen und zwei Wochen an einen warmen Ort stellen; direkte Sonnenbestrahlung vermeiden. Flasche öfters schütteln, nach einer Ruhezeit von drei Wochen filtrieren. Vor Gebrauch möglichst längere Zeit lagern lassen.

Kamille - Chamomilla recutita (L.) Rauschert (Matricaria chamomilla L.)

Volkstümliche Namen: Mutterkraut, Feldkamille, Hermel

Fam.: Korbblütler

Vorkommen: Getreidefelder, Schuttstellen, Abhänge

Blüten: gelbe Scheibenblüten auf kegeligem Boden, die weißen Strahlenblätter meist nach unten gekehrt

Blätter: doppelt-fiederteilig

Blütezeit: Juni—September

Anwendung in der Heilkunde: Magen-, Darm- und Nierenstörungen, Entzündungen allgemein.

Daß sich die in der Volksheilkunde so wertvolle und nahezu unersetzliche Heilpflanze auch zur Herstellung eines Kräuterschnapses eignet, dürfte nicht allgemein bekannt sein. Wem der ausgeprägte Geschmack der Kamillenblüten zusagt, dürfte über die Feinheit dieses dunkelbraunen, etwas bitteren Mazerates überrascht sein.

Zubereitung: Die gesammelten Blütenköpfe werden auf einen Bogen Papier ausgebreitet und einen Tag getrocknet, dann in Schnaps angesetzt und drei Wochen an die Sonne gestellt. Die Flasche mehrmals schütteln. Nach einer Ruhezeit von zwei Wochen filtrieren.

Kornelkirsche - Cornus mas L.

Volkstümliche Namen: Kornelle, Granelle, gelber Hartriegl

Fam.: Hartriegelgewächse

Vorkommen: Sonnige Lagen, bevorzugt auf kalkigem Boden, steigt nicht höher als 900 m empor

Blüten: winzig, gelb, in Trugdolden

Blätter: einfach ganzrandig, oval, spitz zulaufend gegenständig

Früchte: längliche, rote Steinfrüchte

Erntezeit: September—Oktober

Die blühenden Sträucher der Kornelkirsche leuchten aus den noch winterlichen Hecken als Vorboten des Frühlings. Das beinharte Holz dieser Bäume dient den Bauern zur Herstellung der Zähne für die Heurechen.

Zubereitung: Die vollreifen Früchte werden in Schnaps angesetzt und an der Sonne drei Wochen ziehen gelassen. Die Flasche mehrmals schütteln. Erst nach einer Lagerzeit von mehreren Monaten erhält der rubinrote Schnaps sein volles Aroma. Die Früchte können nach einer Ruhezeit von zwei Wochen filtriert werden, es ist jedoch empfehlenswert, sie in der Flasche zu belassen und mit der Flüssigkeit zu verzehren.

Latschenkiefer - Pinus mugo agg.

Volkstümliche Namen: Latsche, Legföhre, Knieholz, Krummholz

Fam.: Kieferngewächse

Vorkommen: bestandbildend an trockenen Steilhängen, an Felsbändern und Geröllhalden, vielfach Endstadium pflanzlicher Besiedlung. Niederliegender, mehrstämmiger Strauch.

Anwendung in der Heilkunde: Das von eigenen »Latschenbrennereien« gewonnene ätherische Öl ist ein ausgezeichnetes Inhalationsmittel bei Erkrankungen der Atemwege, der Latschenkiefer-Extrakt wird zu medizinischen Bädern verwendet, bei nervösen Zuständen, zur Anregung des Kreislaufes und bei allgemeiner Schwäche.

Zubereitung: Ein Dutzend noch grüne Zapfen in vier Teile schneiden und mit einigen Latschenkiefer-Nadelspitzen in Schnaps ansetzen und sechs Wochen an einen warmen Ort stellen. Nach einer Ruhezeit von zwei Wochen filtrieren und vor Gebrauch wenigstens drei Monate lagern lassen. Der bittere, harzige Geschmack verleiht diesem bekömmlichen Kräuterschnaps eine besondere Note.
Mit frischen Kiefernzapfen, Kiefernnadeln und Tannennadeln können auf ähnliche Weise ebenfalls sehr brauchbare Schnäpse zubereitet werden.

Schwarze Maulbeere - Morus nigra L.

Volkstümlicher Name: Muren

Fam.: Maulbeergewächse

Blüten: kurz, in dicken, ganz hellen Kätzchen

Blätter: breit eiförmig, tief herzförmig, wellig, rauh und behaart, oben glänzend grün, unten heller

Früchte: eiförmig oder kugeliger Fruchtstand, im Sommer grün, im Juli orangescharlach, und kurz vor dem Abfallen schwärzlichrot.

Vorkommen: Der Maulbeerbaum ist eine Holzpflanze der wärmeren Gegenden und in Mittel- und Westasien beheimatet. Der Schwarze Maulbeerbaum ist wegen seiner Früchte eine alte Kulturpflanze und erreicht ein sehr hohes Alter. In Südtirol steht noch an manchen Gehöften ein ehrwürdiger »Murbaum«. Zur Fütterung der Seidenraupen dienen hauptsächlich die Blätter des Weißen Maulbeerbaumes - Morus alba.

Zubereitung: Die reifen Früchte in Schnaps ansetzen und zwei Wochen an die Sonne stellen, nach einer Ruhezeit von vier Wochen filtrieren und möglichst lange Zeit lagern lassen. Der Maulbeer-Schnaps hat einen erfrischenden Geschmack.

Meisterwurz - Peucedanum ostruthium (L.) Koch

Volkstümliche Namen: Kaiderwurzel, Bergwurzel

Fam.: Doldengewächse

Vorkommen Gebirgswiesen, Weiden, Schluchten

Blüten: weiß, auch rot überlaufen, in großen Dolden

Blätter: derb, lederartig, 3zählig

Stengel: hohl, glänzend, fein gerieft

Erntezeit: März—April, September—Oktober

Anwendung in der Heilkunde: Magen- und Verdauungsbeschwerden, Blähungen, Appetitlosigkeit

Die Meisterwurz ist in den Berggebieten eine hochgeschätzte Heilpflanze und stellte früher ein Allheilmittel für Mensch und Tier dar. Sogar als Schnupfpulver gegen Schnupfen und als Verhütungsmittel bei ansteckenden Krankheiten fand der pulverisierte Wurzelstock der Meisterwurz Verwendung.

Zubereitung: Die fein gesäuberten und in Stücke geschnittenen Teile des Wurzelstockes werden in Schnaps angesetzt und vier Wochen an die Sonne gestellt. Die Wurzelstücke können nach weiteren vier Monaten filtriert, oder in der Flasche gelassen werden. Durch längere Lagerung gewinnt das stark aromatische, mit etwas brennendem Beigeschmack anhaftende Mazerat.

Walnuß - Juglans regia L.

Volkstümlicher Name: Nuß
Bis 25 Meter hoher Baum mit breiter, lockerästiger Krone, hellgrau-brauner Rinde, mit gefiederten, stark duftenden Blättern. Die Frucht hat eine grüne, bei Reife braun verwesende Außenschale und steinharte Innenschale.
Der etwas anspruchsvolle Nußbaum hat ein großes Lichtbedürfnis und steht am liebsten allein. Er ist empfindlich gegen die Fröste des Frühjahrs und gedeiht am besten in wärmeren Lagen bis zu 700 m. In Südtirol findet man ihn noch vereinzelt in Höhen bis zu 1300 m. Unter solchen Bedingungen ist jedoch keine regelmäßige und reichliche Ernte zu erwarten.

Anwendung in der Heilkunde: Appetitanregend, verdauungsfördernd

Der Nußbaum steht vor dem Bauernhaus als Wahrzeichen für Schutz und Fruchtbarkeit. Ein alter Volksspruch lautet: »In einem Nußbaum schlägt kein Blitz ein und in seinem Schatten duldet er keine Hexen.«

Zubereitung: 10 noch grüne Nüsse in vier Stücke teilen und in einem Liter Schnaps ansetzen. Vier bis fünf Wochen an einen warmen Ort stellen. Nach einer Ruhezeit von weiteren zwei Wochen filtrieren. Etwas Sternanis, Gewürznelken und Zimtrinde und Zucker können vorteilhaft beigegeben werden.

Pfefferminze - Mentha × piperita L.

Fam.: Lippenblütler

Vorkommen: Vorwiegend in Gärten gezogen, zuweilen auch verwildert

Blüten: weiß bis rot, in Scheinähren stehend, den Stengel rings umfassende Blütenquirlen

Blätter: gegenständig, deutlich gestielt, spitz, scharf gesägt, schwach behaart

Stengel: vierkantig, verzweigt

Blütezeit: Juni—August

Anwendung in der Heilkunde: Blähungen, Magen- und Darmkatarrh, Migräne

Zubereitung: 30 frische Pfefferminzblätter in Schnaps ansetzen und fünf Tage an die Sonne stellen, drei Tage ruhen lassen und dann filtrieren. Das charakteristische Mentholaroma des frischen Krautes wird durch einen bitterkrautigen Geschmack etwas übertönt.

Preiselbeere - Vaccinium vitis-idaea L.

Volkstümlicher Name: Granten

Fam.: Heidegewächse

Vorkommen: Auf trockenem, steinigem Moosboden, auf Heiden, Hügeln und in Wäldern

Stengel: Der Stengel der zwergstrauchigen Pflanze ist stark verzweigt, liegt fast immer am Boden und treibt zahlreiche Ausläufer.

Blätter: länglich, ledrig, immergrün

Beeren: scharlachrot, herb schmeckend

Erntezeit: September—Oktober

Anwendung in der Heilkunde: Blasenleiden, Durchfall, wirkt harntreibend.

Zubereitung: Die reifen Beeren werden in Schnaps angesetzt und 10 Tage an die Sonne gestellt. Wenigstens zwei Monate lagern lassen, bis der Schnaps mit den Beeren verwendet werden kann. Die Beigabe von Zucker ist hier zu empfehlen.

Quendel - Thymus sp.

Volkstümliche Namen: Feldthymian, Feldquendel

Fam.: Lippenblütler

Vorkommen: Sonnige Hänge, Wald-, Wegränder, Trockenwiesen

Blüten: rosa Lippenblüten in endständigen kugeligen Köpfchen

Blätter: ganzrandig, gegenständig, kurzstielig

Blütezeit: Juni—September

Anwendung in der Heilkunde: Husten, Keuchhusten, Asthma, Magen- und Darmkatarrh.

Der Quendel ist ein altbäuerliches Heilkraut und gehört zu den »Dreißgen-Kräutern«, die bei der Kräuterweihe verwendet werden. Die Dreißgen heißt die Zeit zwischen dem Feste Maria Himmelfahrt und Maria Geburt. Nach der Volksmeinung sind in dieser Zeit die Heilkräfte dieser Pflanzen besonders wirkungsvoll.

Zubereitung: Die zur Blüte gesammelten Blütenköpfe werden mit etwas Zitronenschale in Schnaps angesetzt und zehn Tage an die Sonne gestellt. Nach einer Ruhezeit von zwei Wochen filtrieren. Der Quendelschnaps wird wie der Arnikageist auch äußerlich angewandt.

Rhabarber - Rheum sp.

Fam.: Knöterichgewächse
Asiatische Pflanzengattung mit etwa 40 Arten

Vorkommen: in Gärten angebaut

Blüten: weißlich oder gelblich, in hochragenden Rispen

Blätter: groß, langgestielt, gelappt

Der Rhabarberschnaps, oder in diesem Falle besser gesagt, Rhabarberlikör, ist ein vorzügliches Verdauungsmittel, wirkt appetitanregend und beruhigend.

Zubereitung: Die in Stücke geschnittenen Wurzelteile werden mit etwas Gewürznelken, Zimtrinde, Sternanis und einer Zitronenschale in Schnaps angesetzt und vier Wochen an einen warmen Ort gestellt. Nach einer Ruhezeit von zwei Wochen filtrieren und vor Benützung wenigstens drei Monate lagern lassen.

Rosmarin - Rosmarinus officinalis L.

Volkstümliche Namen: Hochzeitsblüml, Kranzlkraut

Fam.: Lippenblütler

Vorkommen: Mittelmeerländer heimisch (Macchien), in wärmeren Gegenden in Gärten angebaut.

Blüten: blau, in Scheinquirlen

Blätter: lineal, dunkelgrün, lederartig, am Rand eingerollt, unterseits weißfilzig

Blütezeit: Juni—August

Anwendung in der Heilkunde: Rheumatische Beschwerden, Gicht, Nervenschmerzen, Muskelzerrungen.

Zubereitung: Die Rosmarinblätter von den Zweigen ablesen und in Schnaps ansetzen. Vier Wochen an einem warmen Ort ziehen lassen und nach einer Ruhezeit von weiteren vier Wochen filtrieren. Vor Benützung einige Monate lagern lassen.

Salbei - Salvia officinalis L.

Volkstümlicher Name: Gartensalbei

Fam.: Lippenblütler

Vorkommen: in Gärten gezogen

Blüten: violette Blumenkrone in 4—10blütigen Blütenquirlen

Blätter: länglich eiförmig bis lanzettlich, derb, oberseits feinrunzelig, unterseits mit glänzenden Öldrüschen besetzt, graugrün bis weißlichgrün

Erntezeit: Mai—Juni

Anwendung in der Heilkunde: Mund- und Zahnfleischentzündungen, Katarrhen der oberen Luftwege, Magen- und Darmstörungen.

Zubereitung: 30 Salbeiblätter, drei Blätter Basilikum, drei Blütenköpfe Quendel, etwas Zitronenschale in ein Liter Schnaps ansetzen und vier Wochen an einen warmen Ort stellen, häufig schütteln, nach zwei Wochen filtrieren und vor Benützung sechs Monate lagern lassen.

Sanddorn - Hippophae rhamnoides L.

Volkstümliche Namen: Weidendorn, Strand-, Seedorn

Fam.: Ölweidengewächse

Vorkommen: Flußufer, Meeresküsten, als Befestigungspflanze an Straßenböschungen angebaut

Blüten: eingeschlechtlich-zweihäusige Blütchen

Blätter: schmal, unten silbergrau

Früchte: gelbrote Scheinbeeren mit Nüßchen darin

Erntezeit: September—Oktober

Der Sanddorn ist erst in letzter Zeit bekannter geworden. Die Sanddornfrüchte besitzen einen sehr hohen Vitamin-C-Gehalt und lassen sich zu verschiedenen Zwecken verwenden.

Zubereitung: Die Beeren werden nach dem ersten Frost in Schnaps angesetzt, drei Wochen an die Sonne gestellt und nach drei weiteren Wochen filtriert. Vor der Benützung möglichst einige Monate lagern lassen.

Moschus-Schafgarbe - Achillea moschata Wulfen

Fam.: Korbblütler

Vorkommen: Magerwiesen, Moränen, Felsspalten. 2000 bis 3000 m.

Blüten: mehrere Köpfchen in ebensträußiger Trugdolde

Blätter: kammförmig gefiedert mit einfachen Fiedern

Stengel: 7—20 cm hoch, nach oben leicht behaart, beblättert

Blütezeit: Juli—September

Ivakraut ist ein Sammelname für verschiedene in den Hochalpen wachsende Schafgarbenarten (Moschus-Schafgarbe - Achillea moscata, Schwarze Schafgarbe - Achillea atrata, Zwerg-Schafgarbe - Achillea nana). Diese Schafgarbenarten finden nicht nur in dem bekannten Ivalikör (nachdem die italienische Bezeichnung für die Mehrwertsteuer »IVA« lautet, soll hier nicht der Eindruck erweckt werden, daß es sich um ein Steuer-Verdauungsmittel handelt) aus dem Engadin Verwendung, sondern sind auch Bestandteile vieler Kräuter- und Bitterschnäpse.

Zubereitung: Zehn junge Blütenköpfe in einen Liter Schnaps geben und für eine Woche an einen nicht zu warmen Ort stellen. Öfters schütteln. Ruhen lassen, bis sich der Schnaps von selbst klärt. Filtrieren. Der Schnaps gewinnt durch längere Lagerung.

Schlehdorn - Prunus spinosa L.

Volkstümliche Namen: Schlehe, Schwarzdorn, Dornschlehe

Fam.: Rosengewächse

Vorkommen: Hecken, Gebüsche, Waldränder

Blüten: weiß, klein, zahlreich

Blätter: klein, eiförmig bis lanzettlich; stark verästelte dornige Zweige

Früchte: kugelige, blaue Steinfrucht

Erntezeit: Oktober—November

Anwendung in der Heilkunde: Blähungen, Verstopfungen, Erkrankung der Luft- und Harnwege, äußerlich bei Mund- und Zahngeschwüren

Zubereitung: Die Schlehen werden nach dem ersten Frost gepflückt und bevor man sie in Schnaps ansetzt einen Tag an der Sonne trocknen gelassen. Fünf Wochen an einem warmen Ort ziehen lassen und nach zwei weiteren Wochen filtrieren. Vor Gebrauch möglichst einige Monate lagern lassen.

Schlüsselblume - Primula veris L.

Volkstümliche Namen: Himmelschlüssel, Petrusschlüssel, Primel

Fam.: Primelgewächse

Vorkommen: trockene Wiesen, Waldränder, Gebüsche

Blüten: dottergelb, in Doldenform

Blätter: runzelig, eiförmig, unterseits behaart

Blütezeit: April—Mai

Anwendung in der Heilkunde: Erkältungskrankheiten, Bronchialkatarrh, Lungenentzündung

Zubereitung: 15 Blütenköpfe in einen Liter Schnaps ansetzen und eine Woche an einem warmen, aber nicht der Sonne ausgesetzten Ort ziehen lassen, öfters schütteln. Nach Belieben etwas Zitronenschale beigeben. Nach einer Ruhezeit von drei Wochen filtrieren. Erst nach einer Lagerzeit von drei Monaten dem Gebrauch zuführen.

Vogelbeere (Eberesche) - Sorbus aucuparia L.

Fam.: Rosengewächse
Vorkommen: lichte Wälder, Gebüsche, gebirgige Gegenden
Blüten: weiß, in großen, abgeflachten Doldentrauben
Blätter: unpaarig gefiedert, scharf gezähnt
Früchte: rotorangefarbene Beeren
Erntezeit: September—Oktober
Anwendung in der Heilkunde: Nieren- und Blasenleiden, bei fieberhaften Erkrankungen, bei Heiserkeit. Magenmittel.

Der Vogelbeergeist ist eine Rarität ersten Ranges und wird noch in einigen Berggebieten Tirols hergestellt. Für feine Schnäpse und Liköre wird jedoch vorwiegend die veredelte Vogelbeere, Sorbus aucuparia var. edulis verwendet.

Zubereitung: Die Vogelbeeren nach dem ersten Frost pflücken und in Schnaps ansetzen und fünf Wochen an einem warmen Ort stehen lassen. Etwas Gewürz-Zusatz, z. B. ein bißchen Chinarinde, sehr vorteilhaft. Öfters schütteln. Nach einer Ruhezeit von zwei Wochen filtrieren und den Schnaps möglichst lange lagern lassen.

Wacholder - Juniperus communis L.

Volkstümliche Namen: Kranewitt, Heidewacholder

Fam.: Zypressengewächse

Vorkommen: Heiden, lichte Wälder

Blüten: männliche gelb, weibliche grünlich, auf kurzen Trieben

Blätter: nadelförmig, in 3zähligen Quirlen

Früchte: beerenartig, reif bläulich-schwarz

Erntezeit: September—Oktober

Anwendung in der Heilkunde: Arthrose, Ischias, Husten, Bronchialkatarrh. Stark wassertreibendes Mittel.

Der »Kranewit« ist einer der wichtigsten und herzhaftesten Bauernschnäpse. Der Wacholder selbst eine seit alters her verehrte Heilpflanze. Hieronymus Bock ist über die Kraft des Wacholders derart eingenommen, daß er 1539 schreibt: »Es ist in summa die Wirkung und tugent des Weckholterbaumes zu beschreiben nit wohl möglich.«
Die von den Bauern beim »Selchen« angebrannten Wacholderzweige geben dem Speck den unvergleichlichen Räuchergeschmack.

Zubereitung: Frische Wacholderbeeren auf Papier ausbreiten und drei Tage in den Schatten legen. Die Beeren in einem Mörser leicht zerstoßen und zwei Wochen an einem warmen, aber nicht der Sonne ausgesetzten Ort ziehen lassen. Nach einer Ruhezeit von zwei Wochen filtrieren und einige Monate stehen lassen, je länger desto besser. Zu den Beeren können auch einige Nadelspitzen beigegeben werden.

Waldmeister - Galium odoratum L.

Volkstümliche Namen: Waldmännchen, Maikraut

Fam.: Rötegewächse

Vorkommen: schattige Stellen im Busch- und Laubmischwald

Blüten: weiß, klein, in endständigen Trugdolden

Blätter: lanzettlich, zu 6—8, quirlartig

Stengel: vierkantig, aufrecht

Zubereitung: Neun kurz vor dem Aufblühen stehende Waldmeisterpflänzchen werden in Schnaps angesetzt und eine Woche an eine warme, nicht der Sonne ausgesetzte Stelle gegeben. Nach einer Ruhezeit von zwei Wochen filtrieren und vor Gebrauch wenigstens zwei Monate lagern. Das Mazerat hat einen feinblumigen, schwach veilchenähnlichen Geschmack.

Weichselkirsche - Prunus mahaleb sp.

Fam.: Rosengewächse
Vorkommen: in Obstgärten angebaut, auch verwildert

Die Weichselkirsche, auch Sauerkirsche genannt, ist eine aus der Süßkirsche hervorgegangene Art des Kirschbaumes und wird in verschiedenen Varietäten und Sorten angebaut. Sie kommt im Kaukasus und in Kleinasien wild vor.
Die Weichselkirschen eignen sich besonders für feine Marmeladen, zum Kandieren und nicht zuletzt zum Ansetzen in Schnaps.

Zubereitung: Die reifen Früchte in Schnaps (Weinbrand) ansetzen und an einen warmen, nicht der Sonne ausgesetzten Ort stellen, öfters schütteln und dann zum Lagern wenigstens drei Monate in den Keller stellen. Die Kirschen werden mit der Flüssigkeit verzehrt. Das vorzügliche Aroma dieses köstlichen Schnapses kann durch die Beigabe von wenigen Gewürznelken und etwas Zimtrinde noch verbessert werden.

Weinraute - Ruta graveolens L.

Volkstümlicher Name: Gartenraute

Fam.: Rautengewächse

Vorkommen: felsige Böden, Weingärten, warme Lagen

Blüten: gelbgrün, in Scheindolden

Blätter: doppelt oder dreifach gefiedert, Teilblätter verkehrt eiförmig, drüsig, punktiert

Blütezeit: Juli—August

Anwendung in der Heilkunde: Rheumatismus, Neuralgien, wirkt augenstärkend, verdauungsfördernd

Die »Ruta« ist besonders in Italien ein beliebtes Verdauungsmittel und wird von manchen Gastwirten nach einem üppigen Mahl als Aufmerksamkeit des Hauses gratis serviert.

Zubereitung: Der obere Teil von drei noch nicht ganz ausgeblühten Weinrauten werden in einem Liter Schnaps angesetzt und zehn Tage an eine warme Stelle gegeben. Nach Belieben einige Blätter Basilikum beigeben, öfters schütteln. Nach einer Ruhezeit von zwei Wochen filtrieren. Vor Benützung einige Monate lagern lassen.

Wermut - Artemisia absinthium L.

Volkstümliche Namen: Absinthkraut, Magenkraut, Wurmkraut

Vorkommen: sonnige, trockene Wiesen, Wegränder, Mauern, Ödplätze

Blüten: gelb, halbkugelig, in rispigen Ähren

Blätter: unten 2—3fach, oben einfach fiederspaltig, silbergrau

Blütezeit: Juli—September

Anwendung in der Heilkunde: Appetitlosigkeit, Magen- und Verdauungsstörungen

Der Wermutschnaps ist nicht gerade fein mundendes, aber dafür sehr wirkungsvolles Verdauungs- und Anregungsmittel. Wegen der bekannt schädlichen Folgen zu starken Absinthgenusses sollte der Zuspruch dieses Kräuterschnapses nicht zur Gewohnheit werden.

Zubereitung: Die oberen Teile des blühenden Krautes in Schnaps ansetzen und zwei Wochen an eine sonnige Stelle geben, öfters schütteln. Nach einer Ruhezeit von zwei Wochen filtrieren und vor Benützung eine längere Zeit lagern lassen.

Neunkräuterbitter

(Mayr's Wundertäter)

Bestandteile:

Weinraute - Ruta graveolens L.
Moschus-Schafgarbe - Achillea moschata Wulfen
Hopfen - Humulus lupulus L.
Meisterwurz - Peucedanum ostruthium L.
Wacholder - Juniperus communis L.
Wermut - Artemisia absinthium L.
Kümmel - Carum carvi L.
Bibernelle - Pimpinella saxifraga L.
Punktierter Enzian - Gentiana punctata L.

Mit diesem Originalrezept will der Autor einen bescheidenen Beitrag zur großen Familie der bekannten Kräuterbitter leisten. Mit Vorbehalt aber, denn in die Reihe der renommierten, meist trotz aller Bitternis lieblich schmekkenden Magenbitter will dieser Schnaps nicht so recht passen, aber was ‚bitter' anbelangt macht er seinem Namen alle Ehre. Wenn wirklich »etwas auf dem Magen liegt«, bringt dieser Kräutergeist den trägsten Verdauungsapparat wieder in Bewegung.

Zubereitung: Enzian-, Meisterwurz und Bibernellwurzeln in Stücke schneiden (von den Enzianwurzeln kann etwas mehr sein, während von der Meisterwurz ein Drittel und von der Bibernelle nur drei kleine Wurzelstücke genügen) und in zwei Liter Schnaps ansetzen und ihn für acht Tage an die Sonne stellen. Dann drei kleine Zweige Weinraute, fünf Blütenköpfe Hopfen, fünf Blütenköpfe und etwas Kraut einer Gebirgsschafgarbe, fünf Rispen Wermutblüten, einen Teelöffel Kümmel und zehn zerstoßene Wacholderbeeren dazugeben und weitere zehn Tage an die Sonne stellen; nach einer Ruhezeit von zwei Wochen filtrieren und vor Gebrauch einige Monate lagern lassen.

Nachwort

Im Gegensatz zum gebräuchlicheren Vorwort wird das Nachwort in Büchern nur selten angewandt. Wahrscheinlich weil es noch weniger beachtet wird oder auch als eine Art Nachruf verstanden werden könnte. Ungeachtet dieser betrüblichen Aussichten und im Vertrauen darauf, daß der geneigte Leser bis an diese Stelle vorgedrungen ist, möchte sich der Autor abschließend noch einige Worte vom Herzen schreiben.

Bei aller Überzeugung, mit welcher hier diese Schnapsprodukte vorgestellt, und bei aller Begeisterung, mit der ihnen nachgespürt wurde, darf die Problematik des hochgradigen Alkohols nicht verkannt werden. Zu vielen ist er schon zum Verhängnis geworden. Es sei daher nochmals betont, daß es nicht Absicht sein konnte, nur zum Trinken zu animieren, daß womöglich durch allzuviel des Guten Schaden genommen werden könnte; das Bestreben war nur, den Sinn für das Echte und Natürliche auch auf diesem Gebiete zu wecken.

Der Reichtum der Natur kommt uns als Heilkraft auch in Verbindung mit Alkohol zugute, und dem Gesunden verschafft er Freude und Entspannung, wenn im Zuspruch Maß gehalten wird.

Wie bei so vielen Dingen bleibt es jedem einzelnen vorbehalten, die Grenzen des Zuträglichen selbst zu erkennen und dafür zu sorgen, daß eine Wohltat nicht zu einem Unheil wird.

Christoph Mayr

Alphabetisches Verzeichnis der Kräuterschnäpse